Wolfgang Lutz · Himmlische Weisheiten

AF186135

Wolfgang Lutz

Himmlische Weisheiten

Ein Buch für *jedermann*

videel

Bibliografische Information der Deutschen Bibliothek

Die Deutsche Bibliothek verzeichnet diese Publikation in der
Deutschen Nationalbibliografie;
detaillierte bibliografische Daten sind im Internet über
http://dnb.ddb.de abrufbar.

ISBN 3-89906-939-0

Das Buch wird auch in andere Sprachen übersetzt.

Umschlagmotiv:
Gestaltung durch Michel und Richard, Embú das Artes - SP,
Brasilien, in Zusammenarbeit mit dem Autor

Verlag videel
www.videel.de

E-Mail: lutz-hw@t-online.de

INHALT

Vorwort 7

Der Himmel 9
Gefundenes 12
Liebe 15
Nächstenliebe 20
Geschenke des Himmels 23
Gottvater 27
Der Mensch als Werkzeug 31
Die Wortwahl 34
Die Gedanken 36
Der Umgang mit der Wahrheit 38
Die Nachtruhe 42
Das Vertrauen 47
Der erfolgreiche Lebensschlüssel 50
Das Abschiednehmen 54

Nachwort 56
In memoriam 57

Vorwort

Wer Gott im Herzen trägt,
ist immer und ewiglich beschützt.

Der Weg zu Gott
führt nur über die eigene Erkenntnis.

»Himmlische Weisheiten« entstand im festen Glauben an das Gute und im Vertrauen auf eine Höhere Macht. Es ist mein Wunsch, dass der Inhalt dieses Buches viele Menschen berührt und diejenigen inspiriert, die einen besseren Zugang zum Glauben suchen.

Mein besonderer Dank gilt allen, die mich seit August 2004 auf dem Weg zur Veröffentlichung begleitet haben. Dabei lernte ich, dass der Versuch vergeblich ist, transzendentale Fragen mit dem Verstand klären zu wollen. Der Zugang zu Gott, dem Schöpfer, wird durch den Glauben möglich. Die zahlreichen Konfessionen sind unterschiedliche Wege zu Gott.
Der Buddhismus, der für sich keine Ausschließlichkeit in Anspruch nimmt, lehrt, dass jede aus der Hoffnung und dem Wunsch auf Erlösung gespeiste Gläubigkeit akzeptabel ist.

*Auch Goethe, konfessionell nicht gebunden, äußert
diesen Gedanken, wenn er sagt:*

»Wer immer strebend sich bemüht,
den können wir erlösen.«
Johann Wolfgang von Goethe, 1749 – 1832

*Das Freiheitsrecht jedes Einzelnen hört jedoch da auf,
wo das gleichwertige Freiheitsrecht des anderen beginnt.
Eine alte Weisheit lautet in lateinischer Sprache:*

»Quidquid agis, prudenter agas et respice finem.«

(Was auch immer du tust,
handle mit Bedacht und bedenke,
zu welchem Ende es führt.)

*Die mir gegebenen Worte möchte ich Engeln zuschrei-
ben, die für meine Augen unsichtbar blieben. So
schrieb ich dieses Buch als »Mensch wie du und ich«
im Vertrauen auf das Gute, das es bewirken soll.*

*Einzelne persönliche Lebensansichten sind kursiv
gedruckt, um sie von den Worten der Engel zu unter-
scheiden.*

Wolfgang Lutz

DER HIMMEL

Trage das himmlische Licht in dir,
und es wird dir im wahrsten Sinn des Wortes licht.

Der Himmel ist leicht wie eine Feder, Schwere ist ihm fremd. Er verlangt Standfestigkeit. Dies gehört auch zu den Lebensaufgaben eines jeden Menschen. Das gesprochene Wort ist von großer Bedeutung.

Lebt den guten Glauben und der Himmel öffnet die Pforten. Für jedermann. Für kleine Menschen wie für große, für arme wie für reiche. Überlasst die Beurteilung und die Gegebenheiten, in denen ihr lebt, dem Höchsten. Er weiß, warum es so ist und so sein soll. Kümmert euch liebevoll um das euch von Gott anvertraute Leben.

Ehret und achtet die Natur und das Universum, in dem ihr beschützt und eingebettet lebt. Fürchtet euch vor nichts, es gibt keine echte Plage und kein wirkliches Strafgericht. Ihr selbst seid eure eigenen Richter, zu Erdenzeiten wie auch bei der Ankunft im Himmel. Darum lebt das Gute, das Göttliche, das Himmlische.

Oh Himmel, öffne deine Pforten,
wie gerne lausch' ich deinen Worten.

Der Himmel ist bereits bei euch, er ist in euren Herzen. Hört auf die Stimme eures Herzens und ihr werdet den Himmel schon teilweise in seiner Herrlichkeit zu eurer Erdenzeit erspüren können.

Wer dem Leben nicht zuhören kann,
wird auch nichts sehen können.
Wer die Stimme des Herzens hören kann,
wird auch mit dem Herzen sehen können.

Die größten und schönsten Engel stehen euch bei. Ihr werdet sie nicht namentlich im Einzelnen kennen. Es genügt, wenn ihr euch an euren Schutzengel wendet. Aber bitte täglich, intensiv, sehr liebevoll, so wie auch er liebevoll Tag und Nacht, Stunde um Stunde, Minute um Minute, Sekunde um Sekunde bei euch ist und auf euer Lebenslicht aufpasst. Er hütet es, wie ihr im sprichwörtlichen Sinn euren Augapfel. Wenn Gefahr droht, ist er zur Stelle. Manche Unfälle müssen passieren, sie sind nicht gottgewollt. Gott kann, besser gesagt, will nicht immerfort eingreifen, da der den Menschen frei gegebenen Entwicklung mit ihrer Entscheidungsfreiheit nicht ständig Einhalt geboten werden soll.

Vergesst jedoch nie, dass Gott euch erschaffen hat und ihr ihm eines Tages Rechenschaft ablegen wollt. Ihr wollt es, ihr müsst es nicht. Es gibt keinen himmlischen Zwang, keiner wird euch dazu zwingen, ihr werdet die Gelegenheit dazu freiwillig suchen.

Wer schon auf Erden einen tiefen Glauben in sich trägt, will es gleich bei der Ankunft tun. Andere lassen sich Zeit: Jahre, Jahrzehnte und vereinzelt Jahrhunderte, um in euch bekannten Zeiteinheiten zu sprechen.

Vergesst nie, das Gebet vermag alles. Deshalb sprecht täglich Dankesgebete, um dann auch wieder freien Herzens bitten zu können. Ihr habt so gute Vorbilder. Mutter Teresa ist eines davon. Es gibt viele andere, die namentlich nicht genannt werden wollen und müssen. Seid euer eigenes gutes Beispiel, das langt. Bemüht euch tagtäglich darum. Andere Suchende werden euch im und am Guten erkennen und es euch gleichtun wollen. Das ist der eigentliche Glaube, den es auf Erden zu leben gilt.

Die Schwere lasst ihr auf Erden zurück, wenn ihr diesen Erdenball, der zu eurem Besten und zu eurer Entwicklung geschaffen wurde, eines Tages hinter euch lasst.

Gott segnet euch alle. Und die Menschen, die Gottes Segen im Herzen anzunehmen vermögen, sind ewiglich vom himmlischen Licht beschützt. Amen.

GEFUNDENES

Die Reinheit des Handelns sichert dir
eine glückliche Zukunft.

Wer etwas gefunden hat, ist in der glücklichen Lage
nicht mehr suchen zu müssen. Seine Aufgabe besteht
darin, sich mit dem Gefundenen intensiv zu beschäftigen und auseinander zu setzen. Das können eine tiefe
menschliche Liebe, ein Gegenstand (z.B. ein Kunst-
werk) oder eine Lebensphilosophie sein. Wichtig ist,
dass er sich dem Gefundenen ehrlichen Herzens und
dankbar zuwendet.

Es wird nicht lange dauern, und er wird zu
Erkenntnissen gelangen. Jede Erkenntnis bringt den
Menschen weiter. Durch Erkenntnis lernt er, eigene
Ansichten auf deren Richtigkeit hin zu überprüfen,
wobei auch die Worte »richtig« und »falsch« wohl
betrachtet sein wollen. Es gibt letztlich kein richtig
oder falsch, sondern nur das »Sein«. Jeder handelt aus
seiner Sichtweise heraus, die er für »richtig« hält.

Wichtig ist, dass jeder Mensch Grenzen zu wahren
weiß. Die eigene Einstellung, das eigene Handeln und
Tun dürfen n i c h t dazu führen, andere Menschen
in ihrer Freiheit einzuschränken. So ist es für jeden

Menschen sehr wichtig, dass er sich vertrauensvoll an eine Höhere Macht im eigenen Herzen wendet. Diese wird ihm dann kundtun, wenn er auf Erden zu weit geht, sich anderen gegenüber unfair verhält.

Sprichwörter und Redewendungen auf Erden lehren euch vieles. Denkt einmal an den Ausdruck »mit steinernem Herz«, das wird nichts Gutes für die Umgebung bedeuten. Anders verhält es sich, wenn es »gütiges Herz« heißt.

Die Liebe auf Erden, im Himmel, wo auch immer, vermag alles zu heilen. Wahre Liebe ist selbstlos, sie ist nicht bestimmend oder besitzergreifend. Sie ist. Was ist, muss nicht hinterfragt werden. Die Sprache des Herzens sagt einem instinktiv, ob man es gutheißen kann. Der Instinkt ist also nicht nur den Tieren für den Erdenaufenthalt mitgegeben worden. So kann man weiter sagen: Menschen besitzen eine Seele, Tiere ebenso. Auch hier wiederum eine erklärende Redewendung aus dem Volksmund, der aus weisen Überlieferungen besteht: »Das ist eine gute Seele.«

Die Menschheit täte sich viel einfacher, wenn sie sich mehr mit alten, ihr in vielen Büchern überlieferten Weisheiten beschäftigen würde. Viele tun es bereits, es sollen und müssen noch viel mehr werden. Sonst ist der Erdenaufenthalt nicht optimal genutzt. Ihr werdet es bei Ankunft im Himmel nicht zum Vorwurf bekommen, ihr werdet euch vielmehr selbst an den Kopf fassen und bedauern, dass ihr die Zeit nicht besser verwendet habt. Auch euer Schulwesen bedarf einer grundlegenden Reformation.

Für euch ist es wichtig zu wissen, dass ihr mit Fleiß und Intelligenz auch viel Gutes geschaffen habt, was weitergeführt werden soll. So nennen wir hier einige Beispiele: Waisenhäuser, Pflegeheime, alle sozialen und mildtätigen Einrichtungen sind gute Werke. Hängt nicht so sehr am Geld und an den materiellen Dingen, auf Erden ist für alle in ausreichendem Maß gesorgt. Die Umverteilung müsste besser funktionieren, das wisst ihr selbst. Warum tut ihr es dann nicht? Es kommt doch allen zugute. Jeder Einzelne, der das Gute in sich trägt und es l e b t , bereitet sich letztlich selbst die größte Freude.

Keine weltlichen Ehrungen vermögen das zu geben,
was der Himmel für Anstand, Aufrichtigkeit
und gelebten Gottesglauben bereithält.

Ihr überblickt jedoch noch nicht alle Zusammenhänge. Teilweise, weil ihr es nicht könnt, teilweise, weil ihr es nicht wollt. Ihr müsstet dann nämlich euer gesamtes Lebenskonzept umstellen. Und dazu seid ihr doch nicht aus tiefstem Herzen bereit. Zum Teil ist dies auch verständlich, denn mit beschränkter Sichtweise, die dem Menschen nun einmal so gegeben ist, sind auch nur beschränkte Entscheidungen möglich. Wer jedoch nach Höherem strebt – und darum geht es ja letztendlich – wird auch zu höheren Einsichten kommen.

Für heute möchten wir hiermit schließen. Alles Liebe und Gott zum Gruß.

LIEBE

Wer Gutes im Sinn hat, kann nichts verlieren,
was auch immer passieren mag.

Eine der größten Freuden, die sich ein Mensch auf Erden machen kann, ist sich selbst und seinen Mitmenschen liebevoll zu begegnen und Liebe zu schenken.

Der Einwand, dass damit auch Enttäuschungen verbunden sein werden im Zusammenhang mit Menschen, die mit dieser Liebe nichts anzufangen wissen und darauf mitunter sogar mit Unverständnis reagieren können, mag angebracht sein. Entscheidend ist es jedoch zu wissen, dass »gegen Liebe kein Kraut gewachsen ist«, wie es im Volksmund heißt. Liebe, die rein und bedingungslos gegeben wird, ist himmlisch. Wer diese Liebe nicht an sich herankommen lassen kann, tut gut daran, sich einzugestehen, dass er vom Himmel noch ein gutes Stück entfernt ist.

Lieben können bedeutet auch loslassen können. Berechnende, in Abhängigkeit gestaltete Liebe ist keine echte Liebe. Ehrliche Liebe wird nie jemanden zu etwas zwingen. Sie ist eher fördernd. Das Gesetz der Liebe müsste mit einem eigenen Buch erklärt werden, vielleicht wird es später einmal dazu kommen. Die Menschen von heutzutage sind von der wahren Liebe noch sehr weit entfernt. Barmherzigkeit im Herzen zuzulassen ist eine der ersten Voraussetzungen, um wahre Liebe praktizieren zu können.

Wahre Liebe fordert nicht, sie gibt,
ohne zu verlangen.

Stellt euch einmal eine beliebige Situation vor, in der ihr liebevoll reagiert. Ihr spürt dann förmlich, wie ihr mit dem himmlischen Band der Liebe verbunden seid. Aus dieser Haltung resultiert auch ein enormes Selbstbewusstsein. Liebe verleiht euch nämlich unbeschreibliche Kräfte. Wenn euer Gegenüber mit der gezeigten Liebe nichts anzufangen weiß, wird er unter Umständen Reaktionen zeigen, die bis ins Unberechenbare gehen. Dies zeigt jedoch nur, dass er weit davon entfernt ist, seine Mitte gefunden zu haben. Wer in seiner Mitte ruht, ist an weisen Reaktionen zu erkennen.

»Der Weise sieht die Dinge, wie sie sind,
ohne dass er sie beherrschen will.
Er meidet das Zusehr, Zuviel, Zugroß und lässt der
Entwicklung freien Lauf – so bleibt er in seiner Mitte.«
Lao-tse
(chin. Philosoph, 6. Jh. v. Chr.)

Bitte legt das Wort Liebe nun nicht so aus, dass zu jedem und allem ein liebevolles Ja erfolgen muss. Im

Gegenteil: Praktizierte Liebe erfordert öfter einmal ein klares und deutliches Nein. Die Erziehung mag hier als Beispiel dienen. Auch in einem Nein sollte jedoch Liebe mitschwingen, denn nur so wird sich echte Liebe verbreiten können. Grenzsetzungen und Liebe sind keine Widersprüche.

Für viele mag sich das zuvor Erklärte theoretisch anhören. Wir Engel würden uns freuen und wünschen, wenn ihr Menschen die Umsetzung der wahren Liebe viel öfter praktizieren würdet. Warum tut ihr es nicht? Im täglichen Leben gibt es so viele Gelegenheiten. Bitte folgt dieser himmlischen Aufforderung und sprecht mit eurem Umfeld nur in liebevollen Worten. Das Echo, das ihr persönlich erhalten werdet, wird euch gut tun. Ihr werdet es in eurem Innersten spüren. Wer sich selbst in Liebe einzubetten vermag, wird denjenigen, die noch nicht so weit sind, in Gedanken nichts als Liebe senden wollen. Licht und Liebe sind die besten Antworten auf Negativität und Angriff. Liebe verleiht himmlische Geborgenheit. Eines Tages geht ihr doch wieder zu Gottvater zurück. Das Paradies erwartet euch in Liebe. Was euch auf Erden auch immer widerfahren mag, die Liebe wird für Ausgleich sorgen. Vertraut darauf. Die Ewigkeit ist Liebe.

»Die Liebe ist der Endzweck der Weltgeschichte und das Amen des Universums.«
Novalis
(dt. Dichter, 1772 – 1801)

Es gäbe hierzu noch so vieles zu sagen, entscheidend ist jedoch, dass ihr einfach der Liebe, die ja in jedem Menschen wohnt, nachgeht und nachgebt. Viele Menschen wollen die Liebe nicht zulassen, sie haben Angst davor. Sie ist ihnen gar unheimlich. Das sind die ärmsten Geschöpfe.

Den Tag mit einem Wort der Liebe zu beginnen, ist eine gute tägliche Übung. Das kann jeder für sich alleine tun. Den Tag begrüßen, das Morgenlicht gutheißen, Gott lobpreisen.

Wie viele Menschen beginnen den Tag missmutig! Wir sehen es doch, wie sich die Menschen gerade mit den ersten Morgenstunden regelrecht herumquälen. Der Grund hierfür liegt darin, dass ihnen die eigentliche innere Befriedigung des Lebens abhanden gekommen ist. Kein materieller Wert vermag soviel Liebe zu geben wie die Liebe selbst. Wer Kinder hat, sollte sie in der Früh nach dem Aufstehen erst einmal herzen, liebevoll umarmen. Viele, viele Eltern machen das. Es ist unser Wunsch, dass es alle Eltern machen. Es gibt zu viele Kinder auf eurer Welt, die lieblos aufwachsen. Beginnt dies zu verändern. Jeder kann in seinem Bereich etwas dafür tun. Keiner soll sich deshalb besser oder überlegen fühlen, das wäre keine wahre Liebe. Und noch etwas sehr Wichtiges: Sucht euch jemanden, mit dem ihr über wahre Liebe sprechen könnt. Das muss nicht gezwungenermaßen der eigene Partner sein. Das Sprechen, der Austausch über Liebe ist sehr, sehr wichtig.

Eine Redewendung von euch sagt:

»Der Mensch ist, was er isst.«

Ludwig Andreas Feuerbach
(dt. Philosoph, 1804 – 1872)

Das ist auch auf Liebe anwendbar. Zeigt allen Lebewesen gegenüber Liebe und vergesst nicht, auch die Natur ist lebendig.

Nachdem ihr nun dieses Kapitel über Liebe gelesen habt, meint ihr, dass ihr dann noch in der Lage seid, eurem Gegenüber mit Groll zu begegnen? Wohl kaum. Der eine oder andere mag mit den Ausführungen zum Thema Liebe nicht so viel anzufangen wissen, aber auch er wird sich fortan stets daran erinnern, dass es da noch etwas gibt, was ihm anscheinend nicht in vollem Maße zugänglich ist.

Euch Menschen wünschen wir, bis zum Empfang im himmlischen Reich täglich einen Schritt in Richtung Liebe gehen zu können. Euer Herz wird immer heller und an Strahlkraft gewinnen. Wer Liebe in sich trägt, wird mit allem gut umgehen können. Das ist unser Wunsch für alle Menschen.

Gottvater hat euch lieb.

NÄCHSTENLIEBE

Echte Nächstenliebe drückt sich durch Geben
ohne Erwartungshaltung aus.

Nächstenliebe ist für euch Menschen von wesentlicher Bedeutung. Wenn ihr euch darin übt, werdet ihr auch zu eurem inneren Selbst einen besseren Zugang finden.

Vieles ist für euch in zwischenmenschlichen Beziehungen nicht nachvollziehbar, weil ihr die Nächstenliebe vernachlässigt habt. In Notsituationen ist sie oftmals eine Selbstverständlichkeit. Viele haben schon unter Einsatz ihres eigenen Lebens anderen Menschen das Leben gerettet. Wir Engel wünschen uns, dass ihr auch in kleinen Dingen Nächstenliebe ausübt. Vieles, was sich im täglichen Leben als schwierig erweist, wird durch das liebevolle Aufeinanderzugehen zu einer leichten Übung.

Wer sich um echte Herzensbildung bemüht, wird seine Mitmenschen rücksichtsvoll behandeln und ihnen gegenüber Respekt und Fürsorge zeigen. Praktizierte Nächstenliebe lässt euer Herz weicher und empfänglicher werden. Dann ist es eine Selbstverständlichkeit, helfen zu wollen. Der dafür vom Himmel gegebene Dank ist ein tiefes Glücksempfinden, aus dem ihr für die eigenen Lebensaufgaben wiederum Stärke und Kraft gewinnen könnt. Es verhält sich wie mit der Nahrungsaufnahme. Der Mensch muss zunächst etwas zu sich nehmen, um dann Leistung bringen zu können. Es ist ein ständiger Kreislauf. Durch Alkohol, Drogen und auch Machtmissbrauch werden euch Kräfte entzogen. Eine geregelte Lebenshaltung ist sehr wichtig.

Für jeden Menschen bieten sich immer wieder Gelegenheiten, Nächstenliebe zu praktizieren. Eine persönliche Hilfeleistung soll persönlich bleiben. Andere müssen davon nichts erfahren. Prahlt also nicht mit geleisteter Hilfe, sie soll zu einer Art Selbstverständlichkeit werden. Hilfestellung und Unterstützung haben nichts damit zu tun, für den anderen die Arbeit zu machen oder sich gar ausnutzen zu lassen.

Es ist ein ungeschriebenes Gesetz, dass Menschen, die Gutes im Sinn haben, dies auch ausstrahlen. Das sollte euch genug Ansporn sein, anderen aus Nächstenliebe Gutes tun zu wollen.

Immer wenn ihr Menschen den Gedanken hegt, für andere etwas Gutes zu tun, so solltet ihr dies uneigennützig vollbringen. Die praktizierte Nächstenliebe verlangt keine Gegenleistung. Sie äußert sich im selbstlosen Geben und will den anderen nur Heil und Gutes bringen.

Wenn ihr einmal selbst der Hilfestellung anderer bedürft, so seid ihr ebenfalls dankbar, diese erfahren zu können. Es ist dann eine Selbstverständlichkeit, euren Dank auszudrücken. Dieser Dank soll nicht mit »Bezahlen« gleichgesetzt werden, es gibt andere Möglichkeiten. Wer materiell gut gestellt ist, soll sich natürlich auch in dieser Form erkenntlich zeigen.

Für Nächstenliebe gibt es auf Erden viele Möglichkeiten, beispielsweise in der Altenpflege. Wenn jemand ein hohes Alter erreicht hat, bedarf er oftmals der Hilfe und Unterstützung anderer. Ihr solltet diese Hilfe nicht mit eigenen Erwartungen oder gar Forderungen verknüpfen. Ihr habt auf Erden bereits viele Schriften über universelle Gesetzmäßigkeiten, vieles wird für euch Menschen jedoch erst mit dem Verlassen der Erde verständlich. Es ist sehr wichtig, dass ihr euch schon zu Erdenzeiten um eure Gefühle und deren Feinabstimmung kümmert.

Wahre Nächstenliebe kommt tief aus dem eigenen Herzen. Sie entspringt einem persönlichen Verlangen. Für echte Nächstenliebe wird niemand eine Gegenleistung erwarten oder gar etwas beanspruchen wollen. Wenn derjenige, der die Nächstenliebe erfahren hat, aus freien Stücken etwas aus Dankbarkeit geben will, so darf man es annehmen. Geben und Nehmen sollten sich immer die Waage halten. Es ist so wichtig, mit diesen Dingen natürlich umzugehen. Wer freien Herzens gibt, wird auch freien Herzens annehmen können.

Wir Engel wünschen uns, dass die Nächstenliebe viel öfter gelebt wird. Hierzu bieten sich auf Erden viele Gelegenheiten.

GESCHENKE DES HIMMELS

Die Natur ist das
immer fortwährende Geheimnis Gottes.
Deshalb achte sie.

Die Natur ist das bleibende Sein.

Wie oft erhalten die Menschen himmlische Geschenke und übergehen sie achtlos, nehmen sie gar nicht wahr. Gleichgültigkeit ist keine gute menschliche Charaktereigenschaft. Im Laufe eines Lebens stellt sich doch ein jeder die Frage nach seinem eigentlichen Ursprung, woher er kommt, warum er hier auf Erden für die ihm von Gott zugedachte Lebenszeit zu Hause ist. Dies sind sehr tiefe Fragen, mit denen sich jeder Mensch intensiv auseinander setzen sollte.

Wir sprechen hier nicht von einer bestimmten Religionszugehörigkeit oder einer gar sehr eingeschränkten Glaubensrichtung voller Verbote und Gebote, von denen es auf Erden gar viele gibt. Die gelebte Religion des Herzens sollte im Mittelpunkt stehen. Wir wollen hier bewusst keine bestimmte Glaubensrichtung hervorheben oder bewerten. Nein, dies soll jeder Mensch nach seiner freien Meinung und seinem Empfinden entscheiden. Es geht uns darum zu sagen, wie Glaube, richtig gelebt, zum Ausdruck gebracht werden kann.

Stellt euch einmal vor, eine alte Frau geht über die Straße. Sie kann sich mit ihren schweren Markttaschen nur mühsam fortbewegen. Ja, ist es dann nicht eine Selbstverständlichkeit, ihr zu helfen? Ist dies glaubensabhängig? Bedarf es dazu einer Religionszugehörigkeit? Sicherlich nicht. Dies ist ein sehr einfaches Beispiel. Bewusst wollen wir es hierbei belassen.

Wichtig ist, dass jeder Einzelne in sich geht und sich einmal ansieht, wie er lebt und mit den ihm von Gott mitgegebenen Geschenken umgeht. Der Mensch sollte mit sich selbst nicht zu sehr ins Gericht gehen, wenn er seine eigenen Nachlässigkeiten mehr oder weniger auf Anhieb erkennt. Er soll es vielmehr so einrichten, dass er künftig mit einer besseren Einstellung durchs Leben geht und ihn andere somit als positives Beispiel sehen.

Wisset, dass ihr euch selbst die größten Geschenke machen könnt, und zwar schon zu Lebzeiten. Verschiebt nicht erst alles auf das Leben nach dem Tod.

Jeder Mensch ist von Gottvater bereits bei der Geburt mit zahlreichen Geschenken ausgestattet, sonst wäre er für seinen weiteren Lebensweg gar nicht lebensfähig. Und nun fragen wir euch, habt ihr, bildlich gesprochen, schon einmal auf den Knien betend dafür gedankt, dass ihr so geschaffen seid? Habt ihr euch wirklich schon einmal darüber Gedanken gemacht, warum und weshalb der Mensch so geschaffen ist, wie er ist? Habt ihr eurem Schöpfer schon aus tiefstem Herzen dafür gedankt? Oder ist es nicht vielmehr so, dass ihr euch zunächst einmal als die Wissenden seht, um dann erst dem Glauben oder der Suche nach einem tieferen Lebenssinn Beachtung zu schenken? Die Vorgehensweise von vielen Mächtigen eurer Welt lässt diesen Schluss zu.

Ihr mögt einwenden, dass immer wieder Menschen mit körperlichen Gebrechen oder noch tiefer gehenden Einschränkungen auf Erden geboren werden und das wohl nicht im Sinne Gottvaters sein kann. Wenn ihr Gottvater als das höchste existierende Wesen in eurem Herzen annehmen könnt, so werdet ihr augenblicklich verstummen.

Ihr werdet euch nur noch um euer eigenes Sein im Zusammenspiel mit den euch umgebenden Mitmenschen und den zu erkennenden eigenen Lebensaufgaben kümmern. Tiefer Glauben an eine Allmacht stellt nicht Fragen oder gar Forderungen, er akzeptiert in Demut und Bewunderung, was ist. Die Schöpfung, das Universum, die Natur und alle Lebewesen.

Würden die Menschen nur das aussprechen,
was sie wirklich wissen,
so müssten sie augenblicklich verstummen.

Und wie geht ihr mit der Natur um? Ist es gerecht, sich über Naturkatastrophen zu beschweren, zu sagen, wie kann Gottvater denn so etwas zulassen, wenn ihr diese im Laufe der Jahrzehnte und Jahrhunderte selbst heraufbeschworen habt? Wäre es nicht klüger, einmal einzuhalten mit allzu großen Tönen und die Antworten, die die laute Welt nicht zu geben vermag, im tiefsten Inneren zu suchen? Warum macht ihr das nicht? Dazu bedarf es keiner bestimmten Religionszugehörigkeit, jeder sollte sich angesprochen fühlen und handeln.

Wie steht es um das euren Mitmenschen gegenüber gezeigte Lächeln? Das Lächeln, die Wärme des Lächelns und das gutherzige Lächeln wurden euch von Gottvater mit in die Wiege gegeben. Macht ihr davon in ausreichendem Maß Gebrauch?

> »Das Lächeln, das du aussendest,
> kehrt zu dir zurück.«
> Indische Weisheit

Betrachtet die Geschenke wieder als Geschenke und es wird euch besser ergehen.

GOTTVATER

Leugne nie deinen Ursprung,
er ist dir zum Guten gegeben.

Das Gute kann dir nur dann zuteil werden,
wenn du Teil des Guten bist.

Für viele Menschen ist es heutzutage mit Schwierigkeiten verbunden, sich in der Öffentlichkeit zu ihrem Schöpfer zu bekennen. Jeder Mensch weiß zwar, dass es einen Ursprung geben muss, sich aber in der Öffentlichkeit dazu bekennen, wozu?

Alles ist doch so selbstverständlich geworden. Die Technik hat Oberhand gewonnen und bestimmt das Leben. Keiner wird sich damit schwer tun, von seinem neu erworbenen Handy, PC oder Laptop zu erzählen. Viele Menschen geraten dabei nahezu ins Schwärmen. Speicherkapazität, verschiedene Datenträger, Virenschutz und das vielfältige Internet sind nur einige Beispiele. Ganz zu schweigen von der Schnelligkeit der weltweiten Kommunikationsmöglichkeiten. Manch einer neigt dazu, sich (Kinder) Pornografie ins Haus zu holen, es geht ja alles so einfach und zumeist ohne Folgen. Das Wort Rechenschaft ist nicht gefragt. Der Computer mag auch seine positiven Seiten haben, auf die Form der Nutzung kommt es jedoch an, das ist das Entscheidende.

Zurück zur Überschrift »Gottvater«. Habt ihr Menschen nicht das mit ihm täglich zu pflegende, tief geführte Gespräch aus den Augen verloren? Wann seid ihr zum letzten Mal in ein Kloster gegangen und habt euch mit Geistlichen über Glaubensfragen, über den tieferen Sinn des Lebens ausgetauscht? Viele Menschen, die ihr Leben Gott geweiht haben und im Kloster tätig sind, würden euch freudig aufnehmen und darüber sprechen. Sie wollen euch ihre Erfahrungen der Stille, des Gebets und auch von den Schwierigkeiten, die ein Leben im Kloster mit sich bringt, berichten. Ihr solltet achtbar auf solche Institutionen blicken, sie sind sehr, sehr wertvoll. In ihnen ist viel weises Gedankengut beheimatet.

Reinheit ist eine Herzensangelegenheit.
Intimität gehört dazu.
Das ist bei manchen Menschen
in Vergessenheit geraten.

In letzter Zeit ist es zur Veröffentlichung von verschiedenen Skandalen gekommen, um uns eurer Sprache zu bedienen. Ja, das hat Gottvater nicht gefallen, was in seinem Namen oder in seinen Häusern alles geschehen ist. Die Menschen, die die Verfehlungen begangen haben, werden zur Rechenschaft gezogen. So wie ein jeder Mensch dies eines Tages sehr bereuen wird, wenn er große Schuld auf sich geladen hat.

Die Nähe zu Gottvater ist das Entscheidende. Wer sie sucht, wird sie empfinden und spüren dürfen. Tut es endlich! Das ist eine Aufforderung, aber keine gestrenge, eine lieb gemeinte. Ihr wisst gar nicht, welch Farbenpracht sich über euren Körper ergießt, wenn ihr mit Gottvater im Herzen durch die Welt geht. Der Schutz, dem ihr dann unterliegt, ist allumfassend. Viele Menschen haben das Gefühl, sich zu blamieren, wenn sie sich einem höheren Wesen, dem Höchsten, von ganzem Herzen her anvertrauen. Sie meinen, das sei nicht zeitgemäß.

Demut und bescheidenes Auftreten sind dem Menschen im Laufe der Zeit abhanden gekommen. Durch zu viel materiellen Reichtum sind zu viele Dinge selbstverständlich geworden. Im »Vater unser« heißt es:

»Unser tägliches Brot gib uns heute.«

Wer von euch segnet noch den Brotlaib, bevor er ihn anschneidet? Ein jeder sollte das tun. Ehrfurcht ist so wichtig. Habt Ehrfurcht vor dem Schöpfer, dem Allerheiligsten. Dies bedarf keiner Zugehörigkeit zu einer Religionsgemeinschaft. Wer darin festen Halt findet, der soll ihr beiwohnen. Sein Herz wird ihm sagen, ob es das Richtige für ihn ist. Es ist eine Freude, dem Wirken mancher religiösen Gemeinschaft zuzuschauen.

Tragt Gottvater im Herzen und ihr werdet Andersdenkende nicht mehr so leichtfertig verurteilen, ihnen mit mehr Verständnis begegnen können. Das dem Nächsten gegenüber gezeigte Verständnis war schon immer sehr, sehr wichtig.

Ein gutes altes Sprichwort kann euch hier weiterhelfen:

»Was du nicht willst, das man dir tu,
das füg auch keinem andern zu.«

Wenn ihr euer Leben mit mehr Demut, Güte und Bescheidenheit führt, werdet ihr die Nähe zu Gottvater mit einer Leichtigkeit erfahren können. Ihr sollt das Leben leben. Davon ist nichts ausgeschlossen. Geschlechtsbeziehungen gehören nicht in den Tabubereich, sie gehören zum Leben. Auch für Geistliche. Aber achtet immer auf die Sprache eures Herzens, das ist sehr wichtig. Ihr müsst dies freiwillig tun, keiner wird euch dazu zwingen. So werdet ihr die Nähe zu Gottvater erfahren dürfen.

Der Segen und der Schutz seien euch alle Zeit gegeben, die ihr Gottvater im Herzen tragt. Amen.

Der Mensch als Werkzeug

Die Intelligenz ist dir gegeben,
um sie zum Nutzen aller Menschen einzusetzen.

Wir Engel möchten es euch Menschen so erklären: Jeder Mensch hat auf Erden bestimmte Aufgaben zu erfüllen. Für den einen mag dies in erster Linie darin liegen, ruhiger und zukunftsfroher zu werden, sein Leben im Vertrauen auf eine größere Schöpfung auszurichten. Für den anderen bedeutet dies, ein Familienmitglied aufopferungsvoll zu pflegen und dadurch seinem Schöpfer die volle Liebe zu zeigen. Für einen weiteren wiederum kann es bedeuten, sich mit dem Thema Nächstenliebe im Allgemeinen auseinander zu setzen. Es müssen nicht gezwungenermaßen Familienmitglieder sein, an denen er seine Aufgabe zu vollbringen hat. Dies können Freunde, Kollegen und auch Nachbarn sein, einfach Menschen, die seiner Hilfe bedürfen.

Wichtig ist für euch zu wissen, dass jeder Mensch auf Erden Aufgaben hat. Der eine wird es instinktiv wissen und erst gar nicht innerlich danach fragen, der andere wird erst in sich gehen müssen, um zu ergründen, was auf seinem Lebensweg wohl anstehen mag.

Das Schöne ist, dass es dem Menschen selbst freigestellt ist, schneller voranzukommen. Er soll jedoch nicht meinen, dass nun Stufen übersprungen werden können, wie es beispielsweise euer Schulwesen für besonders Begabte erlaubt. Nein, die eigene Entwicklung, das persönliche Fortkommen geht nur Schritt für Schritt. Ein Überspringen ist nicht möglich. Aber das Tempo, das könnt ihr ganz allein bestimmen. Da kann euch keiner hineinreden. Das hat die göttliche Schöpfung so vorgesehen. Es liegt also an jedem ganz allein, was er daraus macht. Ist dies nicht wundervoll und auch als ein Geschenk von Gottvater anzusehen? Habt ihr euch jemals darüber Gedanken gemacht, mit welchen Freiheiten ihr von eurem Schöpfer ausgestattet worden seid? Habt ihr schon im Gebet für diese Wahlmöglichkeiten gedankt?

Und nun möchten wir euch an dieser Stelle fragen, ob ihr auch davon Gebrauch macht, euch als sinnvolles Werkzeug auf Erden einzubringen? Eine Schraube ohne Mutter nützt nicht viel. So ist es auch mit dem menschlichen Miteinander. Seid gut zueinander, erfreut euch gegenseitig, nicht mit berechnenden Hintergedanken, z.B. wenn ich dies oder jenes tue, werde ich als Gegenleistung doch dies oder jenes erwarten oder gar fordern können.

Das Wichtigste können wir euch nur immer wieder sagen und empfehlen: Kümmert euch um die Reinheit eures Herzens. Das ist sehr, sehr wichtig. Wenn ihr die Reinheit in euch tragt, kann sie euch nicht mehr genommen werden. Und es ist gar nicht so schwer. Was euch am schwersten fällt, ist der Entschluss dazu, rein sein zu wollen. Wenn ihr euch einmal dazu entschieden habt, geht es sozusagen fast wie von alleine.

Sein Herz rein zu halten, ist die höchste Form
der Ehrbezeugung des Menschen
gegenüber dem Schöpfer des Universums.

Kommt also der Bitte des Himmels nach und seid gute Werkzeuge.

DIE WORTWAHL

Je leiser ich spreche,
umso mehr Gehör werde ich finden.

Heute wollen wir euch etwas über die Wichtigkeit der Wortwahl erzählen. Bedenkt einmal, dass man mit Worten heilen und auch sehr verletzen kann. Haltet dies einfach nur einmal für möglich.

Jetzt möchten wir euch fragen: Kommen eure Worte immer bedacht aus eurem Munde? Wisst ihr, was ihr damit anrichten könnt, im Positiven wie im Negativen? Die meisten Menschen haben sich darüber noch nie weiterführende Gedanken gemacht. Sie sagen, was ihnen in den Sinn kommt. So war es schon immer, und so wird es noch lange, lange Zeit bleiben.

Die Menschen, die mit Bedacht sprechen, haben einen gewissen, sagen wir, Vorsprung. Sie sind deshalb den anderen nicht überlegen oder sollten meinen, sie seien bessere Menschen. Aber es macht für Gottvater schon einen großen Unterschied, wie der Mensch seine Worte auswählt.

Wer es für möglich hält, dass Worte Kraft besitzen, sehr viel Kraft sogar, der wird in der Reflektion über sein eigenes Leben manche Situation erkennen, die er selbst heraufbeschworen hat, im Positiven wie im Negativen.

Es wäre für euch doch eine leichte Übung, die Wirkung der Wortwahl einmal in der Praxis zu testen. Stellt euch eine beliebige Situation vor. Am besten steht ihr dabei vor einem Spiegel, damit ihr eure Gesichtszüge beobachten könnt. Und dann sprecht die Worte laut aus.

Welche Wirkung ist für euch erkennbar?

Es ist eine so einfach verständliche Übung, dass es dazu keiner weiteren Ausführung mehr bedarf. Nun, so viel zum Wort.

Die Gedanken, über die wir im nächsten Kapitel sprechen, sind der Vorläufer zu den Worten.

Die Gedanken

Jeder Mensch sollte sich dazu entschließen,
sein Schicksal positiv anzunehmen und
mit guten Gedanken durchs Leben zu gehen.

»Achte auf deine Gedanken,
denn sie werden Worte.

Achte auf deine Worte,
denn sie werden Handlungen.

Achte auf deine Handlungen,
denn sie werden Gewohnheiten.

Achte auf deine Gewohnheiten,
denn sie werden dein Charakter.

Achte auf deinen Charakter,
denn er wird dein Schicksal.«

aus dem Talmud

Hierzu bleibt nicht mehr sehr viel zu ergänzen. Alles
Wichtige ist gesagt. Gesteht euch einfach eure eigene

gedankliche Disziplinlosigkeit ein. Beginnt damit zu überprüfen, in welche Richtung eure Gedanken gehen, indem ihr ihnen mehr Aufmerksamkeit schenkt. Am Anfang mag dies mühsam sein, kleine Fortschritte werden erst nach einer gewissen Zeit sichtbar. Aber sie kommen, unweigerlich.

Diese gedanklichen Übungen könnt ihr ohne die Mithilfe Dritter durchführen. Wir wollen uns an dieser Stelle nicht gegen die Unterstützung von Ärzten, Fachärzten oder Therapeuten aussprechen, die heutzutage sehr viele von euch für die Bewältigung ihrer Lebensaufgaben in Anspruch nehmen. Aber bemüht euch erst einmal selbst ernsthaft um eine Verbesserung der Gedankenklarheit.

Aus der Gedankenklarheit resultiert die Gedankenwahrheit.

Und wer sich bereits mit der Wahrheit beschäftigt, bedarf dann keiner ärztlichen Unterstützung oder Anleitung. So viel hierzu.

Der Umgang
mit der Wahrheit

«Ce n'est pas l'esprit qui fait les opinions,
c'est le coeur.»
(Nicht mit dem Geist bilden wir unsere
Meinungen, sondern mit dem Herzen.)

Montesquieu
(frz. Schriftsteller und Staatsphilosoph, 1689 – 1755)

*Was dein Herz gutheißt,
kann auch dein Verstand gutheißen.*

Ihr Menschen habt es verlernt, mit der Wahrheit natürlich umzugehen. Das sollte sich ändern. Die reine
Wahrheit geht im Licht auf. In dieses strahlende Licht
könnt ihr mit euren Augen jedoch nicht blicken, ihr
würdet augenblicklich erblinden. Deshalb sollt ihr
euch weniger um Dinge bemühen, die euch nicht zugänglich sind.

Besser ist es, wenn ihr die Wertschätzung zu den
euch zugänglichen Dingen erhöht. Dazu zählt alles,
was sich mit dem Thema Schwingungen befasst. Bitte macht jetzt nicht den Fehler und beginnt mit dem
peniblen Bücherstudium über dieses Thema. Nein,

lasst einfach die guten und frohen Schwingungen in euer Herz hinein. Was sind gute Schwingungen? Alles, was euch Leichtigkeit, Frohsinn und wahres Glücksempfinden bringt, zählt zur Bereicherung. Die Musik sei hier an erster Stelle genannt.

Musik bewegt das Gemüt,
Gemüt bewegt die Herzen.
Deshalb achte auf die Reinheit
der Schwingungen in deinem Herzen,
und du wirst dich im Leben stets
mit taktvollem Gemüt fortbewegen.

Ein harmonisches, kraftspendendes Familienleben ist sehr, sehr wichtig. Die Toleranz der unterschiedlichen Charaktere trägt zur Harmonie bei. Könnt ihr euch gegenseitig so schwer annehmen? Seid doch einmal ehrlich zu euch selbst: In jeder zweiten Familie stimmt etwas nicht. Zur Familie gehören nicht nur die engsten Familienmitglieder, auch die weitere Verwandtschaft zählt zur Familie. Wie sieht es bei Familienfeiern aus? Sie finden immer seltener statt. Sie sollten Feste des Frohsinns sein.

Den schnellsten Zugang zur Wahrheit, zu einem feinfühligen Wahrheitsempfinden, erhaltet ihr über euer Innerstes. Das gilt es zu hegen und zu pflegen.

Indem ihr vor euch selbst wahrhaftig lebt, werdet ihr zu angenehmen Mitmenschen. Seid euch selbst immer das beste Beispiel.

So zu leben, dass wir jederzeit
mit gutem Gewissen abtreten können,
das sollte unser Ziel sein.

Kümmert euch weniger um die anderen. Sie sind mit sich selbst beschäftigt. Sie werden auf euch zukommen, wenn sie den Bedarf verspüren.

Wenn ihr jedoch dann so weit seid, dass ihr anderen auf deren Fragen Antworten geben könnt, habt ihr das euch zunächst unmöglich Erscheinende erreicht.

Zu innerem Reichtum werdet ihr jedoch nur gelangen, wenn ihr euer Herz, die Seele und den Geist zu erfassen vermögt, so wie ein guter Violinspieler die Saiten seines Instruments beherrscht. Feingliedrigkeit ist gefragt. Das Sinnliche lässt sich nicht mit Worten beschreiben. Es ist nur über die Einkehr nach innen erfassbar.

Ein an eine Glaubensgemeinschaft gerichteter Weihnachtsbrief wies einmal darauf hin, was man für Geld kaufen kann:

>»Ein Bett – aber keinen Schlaf
>Schmuck – aber keine Schönheit
>Ein Haus – aber kein Heim
>Medikamente – aber keine Gesundheit
>Vergnügen – aber kein Glück
>Bücher – aber keine Weisheit
>Weihnachtsgeschenke – aber keine Freude
>Eine Bibel – aber keinen Glauben«

Erholsamer Schlaf, strahlende Schönheit, ein harmonisches Heim, kraftvolle Gesundheit, tief empfundenes Glück, die Stimme der Weisheit, sprudelnde Freude, Lebenskraft gebender Glaube begründen sich auf inneren Werten.

Zurück zur Überschrift »Der Umgang mit der Wahrheit«.

Was ist als wahr zu bezeichnen? Zu dieser Frage wird jeder Mensch einen unterschiedlichen Zugang haben.

Die Wahrheit von gestern
ist mit der Erkenntnis von heute
oftmals überholt.

Letztlich gibt es nur eine Wahrheit. Die Sprache des Herzens ist auf Erden die beste Möglichkeit, sich der Wahrheit zu nähern. Es ist gar nicht so schwer, versucht es einfach.

Die Nachtruhe

*Der Glaube an die Schöpfung und das Gebet
sind die stärksten Kräfte,
die der Mensch für sich nutzen kann.*

Die Nachtruhe ist für euch Menschen von wesentlicher Bedeutung. Stellt euch einmal vor, ihr würdet keinen geregelten Schlaf und keine entsprechende Entspannung finden können. Auch Träume sind sehr wichtig. Oft kann es passieren, dass ihr euch morgens eurer Träume nicht mehr erinnern könnt. Und dennoch, ihr habt geträumt bzw. seid zur Erholung in einer anderen Sphäre gewesen. Das muss euch jetzt nicht ängstigen, nehmt es als gegeben hin und macht euch darum keine weiteren Gedanken. Ihr atmet, das Herz schlägt pausenlos, und ihr seid doch deshalb auch nicht besorgt. Viel wichtiger ist es, dass ihr die Nachtruhe als wohltuend empfindet. Viele Menschen vergessen, dass es hier bestimmte Gesetzmäßigkeiten einzuhalten gilt. Guten Ärzten sind sie bekannt, ihr könnt sie hierzu im Einzelnen befragen.

Wir Engel möchten uns darauf beschränken, ein paar erklärende Worte zum tieferen Sinn der Nachtruhe mitzuteilen. Es verhält sich so: Wenn ihr in den Tiefschlaf gesunken seid, werdet ihr von eurem Schutzengel abgeholt, der euch an verschiedene Stätten im jenseitigen Paradies führt. Dort angekommen, könnt ihr euch frei bewegen und auch mit anderen Geistwesen kommunizieren. Wenn ihr Fragen an euren Schutzengel habt, so könnt ihr diese an ihn stellen und er wird euch antworten. Es ist also ähnlich wie in einer Schulstunde, die ihr während der Tiefschlafphase im Himmelreich verbringt.

Von diesem Aufenthalt ist euch jedoch nichts mehr bewusst, wenn ihr frühmorgens auf Erden aufwacht. Diejenigen unter euch, die nie zu gutem, tiefen Schlaf finden, sind dennoch auch an jenem eben beschriebenen Ort. Sie meinen zwar nicht geträumt zu haben, waren aber dennoch einmal in einer kurzen Phase, sagen wir manchmal nur für wenige Minuten, im Himmelreich.

Sicherlich wollt ihr nun wissen, warum ihr dort tagtäglich hingeht, wo ihr doch beim Aufwachen nichts mehr davon wisst.

Stellt euch einmal vor, die inneren Organe wüssten sich nicht mehr in eigener Koordination aufeinander abgestimmt mitzuteilen. Dann würde doch euer ganzer Körper nicht mehr reibungslos funktionieren können. Mit den Kräften, die ihr aus den Träumen schöpft, verhält es sich ebenso. Ihr ladet euch sozusagen mit Energie auf, wie eine Autobatterie. Neben dieser energetischen Aufladung, die beim Sphärenübertritt in Sekundenschnelle erfolgt, erhaltet ihr auch noch die zuvor beschriebene Belehrung durch euren Schutzengel.

Bevor ihr euch in den Schlaf begebt, d.h. die Augen schließt, solltet ihr den Tag noch einmal Revue passieren lassen. Dies muss nicht in anstrengender Form passieren; es ist also nicht erforderlich, dass man nochmals alle Ereignisse im Einzelnen gedanklich nacherlebt. Aber der erlebte Tagesablauf sollte schon in groben Zügen durchgegangen werden. Von Dingen, die einem im Nachhinein leidtun – auch ausgesprochene Worte und Gedanken gehören dazu – sollte man sich in der Form frei machen, dass man sie aus tiefstem Herzen bereut. Die Reue ist eine Grundvoraussetzung, um tiefen, erholsamen Schlaf zu finden. Wenn ihr die Augen gelöst schließen könnt, werdet ihr sie auch wieder gelöst und erholt öffnen dürfen. Denn was auf Erden nicht gelöst ist, wird auch im Himmel nicht gelöst sein.

Ihr solltet vieles nicht so eng sehen und Unwesentliches unnötigerweise verkomplizieren. Mancher Fehltritt auf Erden ist gar nicht so schlimm und wirklich menschlich. Wenn man es wirklich ehrlich meint, genügen ein paar entschuldigende Gedanken daran zusammen mit dem festen Entschluss, es bei nächster Gelegenheit besser zu machen. Eine etwas lockerere Haltung zu den eigenen Fehltritten täte vielen gut. Komischerweise neigt der Mensch dazu, die kleinen Dinge überzubewerten, die großen Ungerechtigkeiten sieht er jedoch geradezu gelassen an. Das muss sich möglichst schnell ändern. Ansonsten stehen der

Erde und der Menschheit insgesamt noch sehr schwere Zeiten bevor.

Unterschätzt nicht die Naturgewalten! Jeder einzelne Mensch ist doch in der Lage, in seinem Bereich im Sinne der Natur etwas Positives zu tun. Jede Pflanze, jeder Grashalm ist Natur. Und in der Natur findet ihr auch die beste Erholung, sie ist für euch Menschen wie ein Energiespender. Ihr wisst das. So fragen wir euch: Warum habt ihr die Natur so vernachlässigt? Wann habt ihr zuletzt in freier Natur geschlafen? Warum ist das Zelten aus der Mode gekommen? Lärmende Discomusik und viele Dinge, zu denen man sagen könnte, je lauter, umso mehr Aufmerksamkeit ziehen sie auf sich, sind im Laufe der Zeit interessant geworden. Dabei könnt ihr es immer wieder selbst nachlesen, dass viele Musikstücke ungesunde Beimischungen enthalten. Ihr wisst, was wir meinen.

Und nun denkt an ein Streichorchester, an klassische Musik. Wie verhält es sich damit? Wird da nicht der ganze Mensch ergriffen, aber im positiven Sinn? Wir haben nichts dagegen, wenn sich gerade Jugendliche auch die Zeit mit einem Discobesuch vertreiben wollen. Aber alles in Maßen, das ist sehr wichtig.

Seid vielseitiger, seid beweglicher mit euren Gedanken. So werdet ihr auch wieder zu einer Nachtruhe finden, die euch schöne Träume schenken kann. Und wisset eines: Es lässt sich nichts erzwingen. Weder mit Schlaftabletten noch mit zu viel Alkohol. Diese Mittel werden euch keinen gesunden, erholsamen Schlaf garantieren. Das wisst ihr selber. Ihr habt es oft genug ausprobiert.

Nichts lässt sich erzwingen,
und das Gute schon gar nicht.

Versucht, künftig gelöster in die Nachtruhe zu gehen, dann wird sich vieles von alleine ergeben.

DAS VERTRAUEN

---

*Im Gebet kann sich die Seele
eines Menschen verwirklichen.*

*Suche deine Erholung im Gebet,
und schon werden neue Kräfte frei.*

Wer das Leben im Vertrauen auf Gott lebt, wird innere Kräfte erfahren. Diese sind für den Menschen unentbehrlich. Das soll so sein. Die himmlischen Kräfte bedürfen keiner Erklärung, sie sind.

Das Schöne für euch Menschen ist, dass ihr euch dieser Kräfte bedienen könnt. Die größte euch von Gott verliehene Kraft ist das Gebet. In ihm findet jeder Mensch Heil und darf Glückseligkeit erfahren. Der direkte Weg zu Gottvater führt über das Gebet. Setzt den Dank an erste Stelle, Bitten, auch für andere, sollen erst danach erfolgen. Wer inniglich zu beten versteht, wird die ihm daraus für sein tägliches Leben erwachsenden Kräfte in seinen Alltag mit einfließen lassen.

Das Gebet ist die Stärkung des Himmels, zu dem somit jeder Mensch direkten Zugang hat. Ihr betet zu selten und zu unregelmäßig. Wendet euch mehr an

euren Schutzengel, der euch durch das Leben begleitet. An ihn solltet ihr regelmäßig denken, auch tags-
über, und ihm für seine Fürsorge Dank aussprechen.
Er leitet eure an ihn gerichteten Gedanken in höhere
geistige Sphären weiter, die ihr euch zu Erdenzeiten
nicht zu erträumen wagt. Auch der Himmel hat seine
Ordnung, eine himmlische Ordnung, die gibt es
wahrhaftig.

Zu Erdenzeiten ist für euch allein das gelebte Vertrauen zu Gottvater wichtig, dies ist euer Weg, um zu
innerer Ruhe zu finden. In früheren Zeiten hieß es:

»Ora et labora!«
(lat. Mönchsregel des Benediktinerordens:
»Bete und arbeite!«)

Davon habt ihr euch weit entfernt. Das Gebet soll wieder seine Zeit und seinen Platz im Tagesablauf finden.
Es soll das Kernstück des familiären Zusammenle-
bens bilden. Wer zum Gebet keinen Zugang hat, wird
nie innerliche Ausgeglichenheit erlangen können.

Dieses Kapitel trägt die Überschrift »Das Vertrauen«,
weil dies die Voraussetzung zum Gebet ist. Wer
nicht vertraut, wird auch nicht beten. In der himmlischen Ordnung wird ein jeder von euch seinen
Platz finden, wenn er das Gebet lebt. Und wer sich
mit dem Gebet intensiv beschäftigt, wird Glückseligkeit erfahren. Und genau diese Glückseligkeit
wollen alle Menschen für sich in Anspruch nehmen

und leben können. Die zu laut gewordene Welt vermag aber keine Glückseligkeit zu geben, dazu ist sie nicht im Stande.

Wer sein Leben Gottvater anvertraut, vertraut ihm das Leben an, das ihm einst von Gottvater gegeben und geschenkt wurde. So gibt es nichts, wovor ihr euch fürchten sollt. Auch das Jüngste Gericht entspricht nicht den euch gängig gemachten Vorstellungen. In seiner unermesslichen Güte und Gnade wird Gottvater jeden Menschen zu sich aufnehmen, der sich nach seiner Nähe sehnt. Vertraut dem, der euch erschaffen hat. Bringt euch positiv ins Leben ein, wie es auch im Kapitel »Der Mensch als Werkzeug« steht. Das ist sehr, sehr wichtig. Nehmt auf die Dinge, die ihr beeinflussen könnt, mit ganzem Herzen Einfluss. Grenzt euch von Dingen, Handlungen und Normen ab, die ihr von Herzen her nicht gutheißen könnt. Eines Tages wird es euer eigenes Herz sein, das das Jüngste Gericht über euch abhalten wird.

Im Vertrauen auf eure Einsicht, euren Erdenaufenthalt Gott wohlgefällig zu leben, umarmen wir euch mit der Liebe Gottes. Amen.

Der erfolgreiche Lebensschlüssel

Höre auf zu wollen, fange an zu sein;
denn wer i s t ,
hat schon alles bekommen.

Viele Menschen erwarten ein Patentrezept, das es jedoch nicht gibt. Jeder Mensch ist für sich genommen einmalig. Daraus resultiert, dass es kein Patentrezept geben kann. Die Empfindungen und Gefühle des einzelnen Menschen sind zu unterschiedlich. Wer jedoch mit ehrlichem Herzen die Erforschung des eigenen Gewissens betreibt, wer sich mit sich selbst beschäftigt, wird den erfolgreichen Weg in sich selbst finden.

Es gibt bereits viele gute Bücher auf Erden, die eine große Hilfestellung sein können und sehr gute Anleitungen enthalten. Jedes Buch ist lesenswert, das sich mit der Reise nach innen beschäftigt und nach dessen Studium der einzelne neue Kraftquellen für sich zu erschließen vermag. Schön wäre es, wenn sich die Menschen mehr Vertrauen schenken könnten und gemachte Erfahrungen untereinander austauschen würden. So käme es zu einer Art Multiplikator-Effekt.

Glücklich sein heißt auch
mit anderen teilen können,
ohne dabei das Gefühl zu haben,
etwas abgegeben zu haben.

Wer sich schon lange mit der Frage der erfolgreichen Lebensführung beschäftigt und immer wieder die Erfahrung macht, dass das Erwünschte nicht zu erreichen ist, der wird möglicherweise Hilfe in Anspruch nehmen wollen, beispielsweise die Homöopathie oder Bachblüten. Schwingungen können vieles bewirken.

Im Grunde genommen ist der Erfolg nicht greifbar. Man muss ihn innerlich erleben können, um ihn zu begreifen. Wer den erfolgreichen Lebensschlüssel in Äußerlichkeiten sucht, wird nur vorübergehendes Glück erfahren können.

Wahres Glück kann nur derjenige erfahren, dessen Wünsche sich in Dankbarkeit verwandelt haben.

Glück und Erfolg lassen sich nicht festhalten, alle Erfahrungen sind jedoch tief in den Seelen der Menschen gespeichert. Und genau diese Erfahrungen sind es, die den Menschen zu dauerhafter positiver Lebensführung und zu empfundenem Lebensglück führen können.

Alte Weisheitslehren, wie zum Beispiel Yoga, könnt ihr wie ein Geländer in die Hand nehmen und euch führen lassen. Ihr werdet es selbst spüren, wie wohltuend die Entspannung auf und in euch wirkt.

Das Lebensglück als solches ist für euch Menschen schwer zu begreifen. Wie an anderer Stelle schon einmal gesagt, sind dem Menschen Grenzen gesetzt. Dies soll so sein. Es ist der Wille Gottvaters. Diese Grenzen sind jedoch fließend.

Ihr könnt es euch so vorstellen: Die Bühne eines Theaters ist mit mehreren Vorhängen für die Zuschauer vor der Aufführung unsichtbar gemacht. Vorhang für Vorhang wird nun geöffnet, bis die Bühne zum Vorschein kommt. So verhält es sich für die Sichtweise des Menschen mit geistigen Gegebenheiten. Sie sind für ihn unsichtbar und dennoch vorhanden. Stört euch das?

Ihr solltet euch nicht mit Dingen, zu denen ihr keinen unmittelbaren Zugriff habt, aufhalten. Beschäftigt euch nur damit, was in eurer Macht liegt. So seht nur auf den Vorhang, der sich unmittelbar vor euch befindet und betrachtet euch in einem imaginären Spiegel vor diesem ersten Vorhang. Vergesst die Existenz der dahinter liegenden Vorhänge. Arbeitet an euch und eurem Spiegelbild. Die Stellen, die nicht zu eurer Zufriedenheit glänzen und als unrein bezeichnet werden können, bedürfen eurer Politur. Und das tut bitte mit vollem geistigen Krafteinsatz, im Geiste kann so vieles auch von euch erschaffen werden.

Das Gute geistig fortzupflanzen,
zählt zu den großen menschlichen Aufgaben
auf Erden.

Schafft euch das geistig Gute und ihr werdet euch selbst daran erfreuen können. Ob noch auf Erden oder erst danach spielt keine große Rolle. Wichtig ist, dass ihr zu eurer inneren Welt Zugang findet, die in eurem Herzen verankert ist und über die euch euer Gewissen stets genau informieren kann. Für den einen oder anderen kann sich der erste Vorhang urplötzlich auftun, so dass der dahinter liegende zum Vorschein kommt. So werdet ihr wiederum geistig unreine Stellen sehen und an euch arbeiten wollen. Im Laufe eurer verschiedenen Inkarnationen ist dieser Weg Schritt für Schritt von weiter Hand vorgezeichnet.

Abschließend kann gesagt werden, dass erfolgreiche Lebensführung in der Einfachheit liegt.

»Große Menschen benehmen sich einfach.«

Albert Schweitzer
(dt.-frz. Theologe, Arzt, Philosoph und Musiker, 1875 – 1965)

Dem ist nichts hinzuzufügen.

DAS ABSCHIEDNEHMEN

Die wahre Vergänglichkeit
trägt den Namen Ewigkeit.

Den meisten Menschen fällt Abschiednehmen und Loslassen sehr schwer. Beim Abschiednehmen werden viele Erinnerungen und Gefühle hervorgerufen. In Wirklichkeit gibt es kein Abschiednehmen für immer. Es ist nur ein vorübergehender Abschied, den ihr im Laufe eures Lebens von Angehörigen, Freunden und Bekannten nehmen müsst. Im Innersten eures Herzens seid ihr euch bereits heute bewusst, dass es mit euren Lieben ein Wiedersehen gibt.

Der Glaube stillt den Durst der Seele
nach Wärme und Geborgenheit.

So sehr wir eure Trauer verstehen können, sie ist oftmals nicht für lange Zeit. Jeder Mensch hat von Gottvater Aufgaben übertragen bekommen. Im Kapitel »Der Mensch als Werkzeug« haben wir darüber gesprochen. So sorgt euch nicht zu sehr um den Verbleib eines Verstorbenen. Er ist euch sozusagen nur vorausgegangen, ihr werdet eines Tages den gleichen Weg beschreiten.

Freut euch auf den Schutzengel, der euch mit offenen Armen in Empfang nehmen wird. Und wie sehr könnt ihr euch dann mit ihm freuen, wenn ihr schon zu Lebzeiten beständig an ihn gedacht und eure Gebete, auch und gerade in Dankesform, mit ihm gesprochen habt. Im Laufe eines Lebens habt ihr mit eurem Schutzengel so vieles erlebt, dass ihr den Wunsch verspürt, mit ihm noch einmal gemeinsam Rückschau zu halten.

Ihr lieben Menschen, bitte wisset und verankert tief in euren Herzen, dass euch im Paradies die Erlösung erwartet. Aber bitte lebt eure Lebenszeit so intensiv und gut wie möglich, bemüht euch tagtäglich darum, damit ihr dafür die wahre Belohnung im Himmelreich erfahren dürft. Denn was auf Erden nicht gelöst ist, wird auch im Himmel nicht gelöst sein.

Ehret das euch von Gottvater gegebene Leben und verbringt eure gesamte Lebenszeit mit eigenem Fleiß und Dazutun zu einer besseren Welt. Der euch erwartende Dank ist ewiglich und euer.

Nachwort

Strebe nach der persönlichen geistigen Entwicklung,
und damit wirst du
die Welt ein wenig verbessern können.

Die Verantwortung für die Lebensausrichtung liegt
bei jedem Einzelnen. Vieles lässt sich bewegen, allein
der feste Glaube an die Veränderung zum Guten ist
wichtig. Ein Sprichwort sagt:

»Der Glaube kann Berge versetzen.«

Hierzu muss ein jeder seinen Teil selbst beitragen.

«Um grama de exemplos vale mais
que uma tonelada de conselhos.»
Adágio popular

(Ein Gramm – gelebter – Beispiele ist mehr wert
als eine Tonne Empfehlungen.
Brasilianische Volksweisheit)

In memoriam

―――――――――――

Mein Freund und Lehrer Alfred verstarb im Alter von 98 Jahren, kurz vor Veröffentlichung dieses Buches. Seine Freundschaft und an mich weitergegebene Lebenserfahrungen haben mir sehr viel bedeutet, in Glaubensfragen hat er mir vieles nahe gebracht.

Im Gedenken an ihn, meine bereits verstorbenen Familienangehörigen sowie Freunde und Bekannte schließe ich mit einem Gedicht von Hannelore Kohnke:

»Mein Sein

Mein in diesem Universum bestehendes Leben
wurde erschaffen aus dem Nichts, aus Gottes Fülle.
ER hat mir als menschlichem Wesen gegeben
Geist und Seele, ebenso einen Körper als Hülle.

In meinem Körper befindet sich
neben anderen Organen das Herz. In ihm wohnen
Gott – die Quelle, das ewige Licht –,
mein Glaube, Freude, Zorn, Angst, Hoffnung,
alle Emotionen.

Mein Herz erhielt die Gabe, sie alle zu spüren.
Es kann sich darob zusammenziehen oder weiten.
Mein Geist vermag diese Gefühle
für die Seele zu notieren
als Erfahrungen, die ich sammle,
die mein Dasein begleiten.

Mein irdisches Ich, Körper und Geist, kann
verwundet werden, erkranken.
Ich empfinde dies durch Unwohlsein, Traurigkeit
oder sogar Schmerzen.
Steht auch dann ein Mensch an meiner Seite,
darf ich danken
ihm und dem Himmel, der ihn mir sandte,
aus ganzem Herzen.

Mein vollkommenes ICH, meine Seele, kann
von Niemandem verletzt werden.
Sie ist das Bewusstsein, das Licht, die Liebe –
die Göttlichkeit in mir.
Nach vielem Guten, auch weniger Schönem, endet
einst mein Leben auf Erden,
doch meine Seele ist unsterblich. –
Für mein Sein, gütiger Gott,
danke ich DIR.«